LA
QUESTION DU PAIN

OU

PRÉCIS SOMMAIRE DU PASSÉ ET DE L'AVENIR

DE

LA BOULANGERIE PARISIENNE

À L'APPUI DE LA RÉFORME PROPOSÉE EN OCTOBRE 1862

PAR LE CONSEIL D'ÉTAT

PAR UN CORRESPONDANT DE *L'INDÉPENDANCE BELGE*

PARIS

VICTOR MASSON ET FILS

PLACE DE L'ÉCOLE-DE-MÉDECINE

15 NOVEMBRE 1862

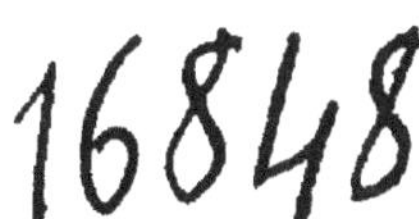

LA

QUESTION DU PAIN

SOMMAIRE

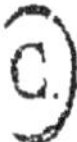

PARIS. — IMP. SIMON RAÇON ET COMP., RUE D'ERFURTH, I.

LA
QUESTION DU PAIN

OU

PRÉCIS SOMMAIRE DU PASSÉ ET DE L'AVENIR

DE

LA BOULANGERIE PARISIENNE

A L'APPUI DE LA RÉFORME PROPOSÉE EN OCTOBRE 1862
PAR LE CONSEIL D'ÉTAT

PAR UN CORRESPONDANT DE *L'INDÉPENDANCE BELGE*

PARIS

VICTOR MASSON ET FILS

PLACE DE L'ÉCOLE-DE-MÉDECINE

15 NOVEMBRE 1862

LA

QUESTION DU PAIN

I

APERÇU HISTORIQUE DE LA BOULANGERIE PARISIENNE.

Les corporations fermées qui, depuis le moyen âge jusqu'en 1789, ont favorisé la propension des bourgeoisies à abaisser les supériorités naturelles, et qui, d'un autre côté, ont constamment élevé, au profit des producteurs les moins habiles, le prix des objets de consommation, les corporations, dis-je, n'ont jamais envahi, en matière de boulangerie, que le commerce du pain de luxe. Malgré des obsessions sans cesse renouvelées pendant dix siècles, l'autorité a toujours défendu contre cet envahissement le commerce du pain de ménage. Même aux époques de gaspillage des deniers publics, et lorsqu'ils vendaient aux marchands des autres commerces le droit de rançonner les populations, les gouvernéments de l'ancien régime n'ont jamais toléré le monopole de l'aliment le plus essentiel. En 1789, plus de douze cents boulangers, établis dans la ville de Paris ou dans les faubourgs, et un millier de boulangers forains fournissaient, dans un régime de libre concurrence, de nombreuses variétés de pain de ménage, appropriées aux convenances de tous les consommateurs et dont les qualités extrêmes offraient des écarts de prix de 15 à 20 centimes par kilogramme. Cet état de choses si favorable aux classes populaires régnait encore en 1801[1], lors de la création du régime réglementaire.

L'école libérale qui, de juin 1789 à mars 1791, jeta les vrais fondements du nouveau régime, conserva naturellement la liberté acquise au commerce du pain de ménage ; elle la compléta en supprimant plusieurs entraves opposées à la vente sur les marchés ; enfin, elle en étendit le bienfait au pain de luxe, en abrogeant les corporations d'arts et métiers par le décret du 17 mars 1791.

Malheureusement, l'école réglementaire fondée sous Louis XIV reprit alors la direction des affaires pour ne la plus quitter jusqu'au règne de Napoléon III : son premier acte, en matière de subsistances, fut l'article 30 du décret du 22 juillet 1791, qui, rompant avec la tradition des peuples civilisés, et posant ce monstrueux principe, que l'intervention de l'autorité peut produire le bon marché dans un régime de libre concurrence, conféra aux municipalités le droit de taxer la viande et le pain. Les préjugés populaires ainsi créés par l'aberration du législateur ne tardèrent pas à exiger l'application du principe. De là le régime du Maximum de la Terreur[2], qui, punissant de mort ou de peines infamantes les plus indispensables opérations du commerce, taxant chez le producteur le blé avec cent

---

[1] *Deuxième Rapport* de M. F. Le Play, p. 44.

[2] Voir la description de ce régime, *Deuxième Rapport*. p. 152 à 149.

autres denrées, et confiant à l'État la tâche impossible de
régler la subsistance de chaque ménage, eut pour résultat
de convertir quatre années de récoltes modérées en une famine permanente. Le mépris public ayant fait justice de
cet abominable régime[1], le libre commerce se trouva remis
en vigueur pendant les dernières années du dix-huitième
siècle; et jamais, pendant cette période comme avant le
régime de la Terreur, on n'eut occasion d'y constater le
moindre inconvénient pour l'intérêt public.

Cependant, en 1801, à une époque où les meilleures traditions de l'ancien régime se trouvaient oubliées, les boulangers de Paris, regrettant leur ancien monopole du pain de
luxe, conçurent la pensée de le rétablir en l'étendant à toutes
les sortes de pain. Ils réussirent à persuader au préfet de
police, et, par ce dernier, au Premier Consul, que la corporation, si elle était rétablie dans ces conditions, serait en
mesure d'empêcher en France la hausse des grains en
temps de disette, et de maintenir à Paris pour le gros
pain un prix maximum de 45 centimes[2] par kilogramme. La
cherté modérée et temporaire qui avait donné naissance à
ces manœuvres ayant fourni une occasion facile de réa-
liser ce programme mensonger, la réglementation fut dé-
finitivement rétablie avec des circonstances plus onéreuses
que dans le passé, contrairement à l'avis du ministre de
l'intérieur et sans l'intervention du conseil d'État.

Une fois en possession du monopole, les boulangers ne
manquèrent pas de se soustraire à une obligation mani-

---

[1] Voir le Rapport à la Convention, par Boissy-d'Anglas, *Deuxième Rapport
de M. F. Le Play*, p. 149.

[2] Voir une notice fort instructive sur la réforme de 1801, *Deuxième
Rapport de M. F. Le Play*, p. 154 à 164.

festement impraticable : et les prix dépassèrent souvent, dans une proportion considérable, le maximum promis à l'autorité, comme motif déterminant du système. Cette déception, qui aurait dû entraîner la condamnation du régime réglementaire, fut habilement masquée par les intérêts attachés à la conservation du monopole; sous leur influence, le gouvernement et l'autorité municipale ne cessèrent point, depuis lors, de s'agiter[1], dans l'espoir constamment déçu d'obtenir, à l'aide de la réglementation, le bon marché et la compensation des prix extrêmes, que les autres peuples trouvent, sans effort, dans la liberté et le droit commun.

Apercevant enfin la stérilité du régime établi, sans se rendre compte encore du vice organique qui s'y révélait, l'autorité municipale, cédant à une propension trop fréquente de notre temps, chercha, en 1856, un nouveau remède en dehors de toutes les traditions connues. Elle proposa, à cette époque, un système de grandes usines qui devaient réunir la mouture des grains à la panification; un premier spécimen de ces usines fut même alors élevé à grands frais par la ville de Paris. Chargé, en 1857, de donner son avis sur cette proposition, le conseil d'État se trouva, pour la première fois, en mesure d'examiner à fond l'organisation de la boulangerie parisienne; et c'est ainsi que, après une enquête de six années, il a condamné non-seulement les innovations mises en avant par le conseil municipal, mais encore l'ensemble du régime réglementaire qui règne depuis soixante ans, contrairement aux indications de l'expérience et de la raison.

[1] *Annuaire de la Boulangerie*

II

IMPORTANCE DE LA QUESTION SOUMISE AU CONSEIL D'ÉTAT.

Les débats qui ont eu lieu récemment aux Tuileries, dans deux séances du conseil d'État présidées par l'Empereur, ont vivement excité l'attention publique. La question de la boulangerie, qu'on y a discutée, a, en effet, une portée plus haute qu'un grand intérêt économique.

Il ne s'agit pas seulement de savoir si la population parisienne obtiendra le pain à des conditions meilleures que par le passé, mais encore de décider si la réforme déjà opérée par l'Empereur dans le régime commercial et industriel de la France restera un acte isolé ou sera le prélude de réformes plus larges et plus fécondes. On se demande si la France réagira bientôt contre la centralisation qui l'étreint de plus en plus depuis l'époque de Louis XIV; si, après tant d'essais infructueux de constitutions improvisées, elle tentera de fonder la liberté politique sur le libre développement des aptitudes individuelles; si, enfin, les citoyens apprendront à intervenir judicieusement dans le gouvernement de la chose publique, en s'exerçant d'abord, hors du contrôle des fonctionnaires, à diriger leurs intérêts privés et leurs affaires domestiques.

La question du pain, qui, dans le reste du monde civilisé, n'est qu'une question de ménage, se présente naturellement en première ligne dans l'œuvre de la décentralisation. Le retour à la liberté et au droit commun, en

*

matière de boulangerie, a, sous ce rapport, l'importance d'un événement politique. Il y a donc un certain intérêt à donner ici le précis des informations que j'ai pu recueillir touchant les motifs qui, nonobstant l'opposition de M. le préfet de la Seine, ont déterminé le vote presque unanime du conseil d'État.

Je ne saurais présenter, dans ce précis sommaire, le tableau complet du système compliqué de la boulangerie parisienne. Ceux de mes lecteurs qui voudront se faire une idée de ce régime devront consulter, dans l'*Annuaire de la boulangerie*, les principaux règlements à l'aide desquels on a construit, depuis soixante ans, cette œuvre de monopole. Je me borne à nommer les quatre principales colonnes de l'édifice : la *Limitation*, qui inféode la population à neuf cents boulangers, exerçant chacun son industrie dans un rayon déterminé, à l'abri de toute concurrence directe; la *Taxe*, à l'aide de laquelle l'autorité se flatte depuis soixante ans d'abaisser le prix du pain; les *Réserves obligatoires*, ayant pour but de conjurer, en ce qui concerne l'approvisionnement, les prétendus accaparements du commerce; enfin, la *Compensation*, lourde machine financière, tendant à restreindre l'effet des variations extrêmes du prix des grains.

III

MOTIFS GÉNÉRAUX QUI CONDAMNENT LE RÉGIME RÉGLEMENTAIRE.

Les motifs historiques sur lesquels on s'est souvent fondé pour justifier le régime parisien ont été tout d'abord écartés par le conseil d'État. Comme je l'ai indiqué ci-dessus, on calomnierait le moyen âge et l'ancien régime en y cherchant l'origine de l'organisation actuelle: ici, comme dans les autres domaines envahis par la centralisation, c'est la réglementation qui est une nouveauté, c'est la liberté qui serait la tradition!

En second lieu, la discussion a fait justice des arguments tirés de l'intérêt du consommateur; elle a mis en lumière l'artifice que les partisans du monopole emploient depuis longtemps pour égarer l'opinion sur ce point essentiel. Toutes les capitales de l'Europe consomment de nombreuses qualités de pain dont le prix par kilogramme varie, en temps ordinaire, de vingt-cinq centimes à un franc. On peut dresser pour toutes ces villes des échelles de prix dont les échelons extrêmes se correspondent à peu près, tandis que les échelons intermédiaires se placent, en raison des habitudes locales, à des niveaux fort différents. En s'aidant de ces circonstances, on peut aisément soutenir toute thèse préconçue sur les prix relatifs du pain en diverses localités. Ceux, par exemple, qui veulent démontrer à tout prix le bon marché relatif du pain de Paris, comparent arbitrairement les degrés inférieurs de l'échelle parisienne avec les degrés moyens ou supérieurs des échelles étrangères.

Pour écarter ces causes d'erreur, provenant des opinions préconçues de l'observateur, il suffit d'établir pour chaque ville le *prix caractéristique* résultant du rapprochement de la valeur totale et du poids total de toutes les sortes de pain consommées. Les prix ainsi obtenus pour chaque cours du blé peuvent être retrouvés en tout temps par tous les observateurs, et restent indépendants de toute préoccupation personnelle. La comparaison de ces prix signale invariablement une différence au détriment du consommateur parisien. Cette différence monte habituellement à trois centimes en temps d'abondance et à six centimes en temps de cherté [1].

Nonobstant les assertions incessamment reproduites par les intéressés, le régime réglementaire est donc fort onéreux pour le consommateur, puisque les écarts de prix ci-dessus signalés correspondent à des charges annuelles de neuf à dix-huit millions de francs pour la population la plus pauvre de Paris et de la banlieue.

La discussion du conseil d'État n'a pas seulement révélé ce vice fondamental du régime réglementaire, elle en a mis les causes en évidence.

Le monopole a complétement détruit les catégories de boulangers qui, dans les autres capitales, à Bruxelles et à Londres notamment, s'adonnent spécialement à la fabrication du pain de ménage réclamé surtout par les classes ouvrières. Cette sorte de pain, comprenant toute la partie utile du blé et dont le poids, pour 100 parties de grain, s'élève de 100 à 120 parties, est un aliment essentiellement hygiénique, savoureux et nutritif. Sous ces divers rapports, et surtout en raison du bas prix que comporte ce rendement élevé, il l'emporte de beaucoup sur le pain usuel de Paris, préparé avec des farines démesurément blanchies par des moutures réitérées, privé de certains éléments utiles du blé et dont la proportion, pour 100 parties de grain, ne dépasse guère 90 parties. Les hauts prix actuels du pain de Paris tiennent surtout à la suppression du pain

---

[1] *Deuxième Rapport* de M. F. Le Play, p. 22.

de ménage[1], qui, avant 1801, y était, comme dans les autres capitales, le fondement de la consommation. Ce pain, en effet, entre à peine en proportion de 2 pour 100 dans la consommation actuelle, tandis que les proportions de Bruxelles et de Londres atteignent 25 et 38 pour 100. Cette organisation est aussi regrettable que le serait un ordre de choses qui priverait la population de ses solides étoffes de consommation usuelle pour y substituer des étoffes plus chères, moins chaudes et moins durables. Ce sont précisément les classes qu'on prétend favoriser qui souffrent plus que les autres de l'ordre de choses que je viens de signaler.

Les inconvénients du régime actuel se révèlent, en outre, par une multitude de symptômes, parmi lesquels je citerai : l'intervention chaque jour plus compromettante de l'autorité dans le domaine du foyer domestique; l'interdiction d'actes légitimes, tels que le transport du pain et les payements du boulanger au meunier; les publications annonçant chaque jour, en matière de boulangerie, la découverte de quelque nouvelle panacée; les incidents journaliers de l'interminable querelle des boulangers et des pâtissiers; les plaintes incessantes des boulangers contre la prime de cuisson, l'antagonisme d'opinions révélé par l'enquête du conseil d'État[2] sur les innombrables détails du régime actuel, et tant d'autres manifestations du désordre que ce régime a introduit dans les idées et dans les intérêts.

Ces déplorables résultats de la réglementation parisienne deviennent encore plus évidents quand on examine, dans leurs détails, les quatre éléments principaux du système.

[1] *Deuxième Rapport* de M. F. Le Play. p. 18. 20 et 21.
[2] *Enquête.* table analytique, p. 809 à 859.

IV

INCONVÉNIENTS DE LA LIMITATION.

La Limitation gêne la production en renchérissant d'une somme qui a souvent excédé 40,000 francs le prix naturel d'un atelier de boulangerie.

Elle oblige les familles de chaque quartier à subir le mauvais boulanger que le sort leur impose, si elles ne peuvent aller au loin acheter de meilleurs produits.

Elle empêche l'établissement des ouvriers d'élite, parmi lesquels, dans les autres capitales, se recrute habituellement la profession, et elle appelle, au contraire, à la maîtrise des gens qui n'ont d'autre mérite que la possession d'un capital, et qui seraient incapables de le faire fructifier dans un commerce soumis à la libre concurrence. Ainsi s'accumule, dans la corporation, un personnel déclassé, étranger à la pratique du métier, sans ascendant sur ses ouvriers, résigné à subir la surveillance tracassière des agents inférieurs de la réglementation, prenant à son tour sur les petits clients la revanche de cette oppression, souvent incapable de conserver la clientèle que lui assignait le monopole, et accusant alors de mauvais vouloir et d'injustice[1] l'autorité, qui ne hausse jamais assez, à son gré, la prime de cuisson imposée aux consommateurs.

La Limitation, cultivant comme en serre chaude le plus

[1] *Enquête*, p. 120, 125, 155. 156, 155. 165, 168, 254, 265, etc.

mauvais sentiment des communes urbaines du moyen âge, entretient, chez la masse des boulangers, une jalousie honteuse contre la minorité intelligente et laborieuse qui se concilie la faveur du public. Le syndicat, produit de l'élection, manifeste fidèlement en toutes circonstances cette passion de la majorité. C'est ainsi qu'après avoir arraché successivement à l'autorité l'exclusion des boulangers forains, la limitation du nombre des maîtres, des fournils et des boutiques, puis la réunion obligée de la boutique et du fournil au foyer domestique, le syndicat vient aujourd'hui signaler, comme une atteinte aux droits de la corporation, le commerce trop étendu de certains confrères qui, à force de talent, réussissent à vaincre ces obstacles : il demande, en conséquence, qu'on ajoute aux entraves actuelles la limitation du nombre des fours qui restreindrait aussitôt les opérations de ces derniers, et répartirait forcément une partie de leur clientèle entre les boulangers que le public néglige. A l'appui de cette prétention, le syndicat produit franchement, dans une pétition officielle[1], les motifs suivants :

« Les moyens de restreindre les grandes boulangeries sont faciles à trouver. Il suffira de faire suivre la délivrance d'un numéro de boulangerie de l'obligation qui accompagne la délivrance des numéros de voiture; on donnera à chaque individu le droit d'exploiter seulement une quantité de fours déterminée. Sans doute, il y aura toujours des boulangers plus ou moins habiles, plus ou moins intelligents, il se produira toujours des inégalités, mais, dans ces limites, elles seront moins préjudiciables. »

____

[1] *Pétition* à M. le Préfet de la Seine, autographiée en 1860.

Tout esprit droit qui n'a point été perverti par les faux arguments de la centralisation et du monopole s'expliquera difficilement que de telles doctrines puissent se produire, au dix-neuvième siècle, dans une ville qui prétend, depuis soixante-dix ans, avoir l'initiative du progrès politique et social.

Le précédent que cite le syndicat à l'appui de son étrange prétention offre d'ailleurs un utile enseignement : les monopoles ont, comme on le voit, une influence contagieuse; aussi la réforme de la boulangerie, alors même qu'elle n'assurerait pas à chaque ménage un dégrèvement considérable, serait encore une conquête précieuse pour l'école libérale du second Empire français.

C'est surtout la Limitation qui a donné naissance au vice organique de la boulangerie parisienne, à la suppression du pain de ménage, en détruisant le partage d'attributions qui s'établit partout spontanément par la nature même des hommes et des choses. Dans toutes les capitales, en effet, la fabrication des pains de luxe se concentre, pour chaque quartier, chez le boulanger qui satisfait le mieux aux convenances de consommateurs riches et exigeants, sacrifiant à la recherche et à la fantaisie la solidité de l'alimentation. Exclus de cette spécialité par la libre concurrence, les autres boulangers s'adonnent à la production des nombreuses variétés de pain de ménage; ils s'appliquent à fabriquer ces sortes avec toute la perfection que comporte la nature des choses, et à mettre en relief, dans leurs rapports continuels avec le public, les avantages attachés à ce genre de consommation. A Paris, au contraire, chaque boulanger disposant, dans le rayon qui lui est attribué, d'une certaine fraction de clientèle riche, se croit en mesure de poursuivre le but qu'ambitionnent tous les maîtres de cette profession. Il veut à tout prix devenir boulanger de luxe: et, comme l'espace exigu attribué à son fournil ne lui permet d'élaborer qu'une sorte de pâte, il impose à tous les consommateurs, en s'aidant du monopole, celle qui convient à ses plus riches clients : il est donc aussi ardent à détruire la consommation du pain de ménage que le boulanger des autres capitales à la propager. La population ne pouvant trouver chez un concurrent le pain que son boulanger lui refuse, subit à la longue l'influence de ces manœuvres, et accepte, de guerre lasse, un aliment insuffisant, bien qu'elle ne puisse le compléter, comme le font les riches, par un choix de mets variés.

V

INCONVÉNIENTS DE LA TAXE.

La Taxe, non moins que la Limitation, a toujours déçu les prévisions de l'autorité.

De 1804 à 1825, on a vainement tenté d'en tirer la compensation des prix extrêmes du pain. Sous ce régime, les boulangers acceptaient volontiers les accroissements de bénéfices alloués en temps d'abondance aux dépens du consommateur, mais ils se refusaient invariablement à s'imposer, en retour, en temps de disette, des sacrifices appréciables. De son côté l'autorité, chaque fois qu'elle a voulu insister dans l'intérêt du public, a bientôt compris que ses efforts provoqueraient immédiatement la ruine de cette majorité de maîtres inhabiles et peu aisés que le monopole attire et qui, même aux époques les plus favorables, peuvent à peine subsister.

Depuis 1825, adoptant un nouveau système et établissant un écart constant entre les prix de la farine et du pain, l'autorité n'a plus visé qu'à créer en permanence le bon marché par une pression exercée sur le producteur; mais, dans cette autre voie, elle a échoué contre le même écueil. Tandis que, dans le régime de la libre concurrence, le prix de vente du pain correspond au prix de revient fixé par les boulangers les plus intelligents et les plus habiles, l'autorité, en arrêtant les éléments de la Taxe, a dû subir un prix de revient qui laissât vivre la masse inhabile et inintelligente. Chaque année cependant, et aujourd'hui plus que jamais, la corporation réclame une augmentation de la prime de cuisson : les autorités, qui veulent à tout prix conserver le régime réglementaire doivent, de temps en temps, céder à ces obsessions, et c'est ainsi que le conseil municipal de Paris, par une délibération récente, vient lui-même proposer une nouvelle augmentation sur le prix du pain. Sous ces influences, la Taxe, loin de favoriser le consommateur, n'aboutit, en définitive, qu'à organiser la cherté.

D'un autre côté, l'établissement des mercuriales sur lesquelles se fonde l'assiette de la Taxe a été la source d'embarras inextricables, et il faudrait un volume pour rendre compte des efforts faits depuis 1811 pour résoudre un problème insoluble. Il est dans la nature des choses, en effet, que le commerce, pour étendre ses profits, emploie tous les moyens tolérés par la loi : l'autorité, chargée de défendre

l'intérêt public dans la voie fausse où on l'engage, se
trouve donc conduite à interdire les actes les plus légitimes : c'est ainsi, par exemple, que depuis 1854, elle fait
de ses propres mains les payements de farines, en obli-
geant les boulangers à lui remettre les sommes nécessaires
à chacun de ces payements. Il y a lieu de penser que dans
cette nouvelle voie, elle n'a encore réussi qu'à accroître
la fraude, et par suite la cherté.

VI

INCONVÉNIENTS DES RÉSERVES OBLIGATOIRES.

Les Réserves obligatoires n'ont pas répondu davantage
à l'attente de leurs inventeurs. De l'aveu même de beaucoup de partisans du régime parisien, elles ont nui à l'approvisionnement, sans compenser en rien les variations
extrêmes de prix. Aux époques de disette, elles n'ont été
qu'un embarras ; alors, en effet, l'autorité a toujours
hésité à en faire la reprise, craignant de décourager, par
l'éventualité d'une baisse, les négociants qui se mon-
traient disposés à importer les grains des pays étrangers.

Les Réserves, en accumulant d'immenses quantités de
farines, qui ne tardent pas à sa corrompre, imposent aux
boulangers, indépendamment des frais d'achat et de ma-
gasinage, des frais énormes de manutention et de renou-
vellement [1]. Le capital absorbé improductivement pour

----

[1] *Deuxième Rapport* de M. F. Le Play. p. 280.

l'achat de ces Réserves s'élève environ à 20,000 fr. par boulangerie d'importance moyenne ; et les frais annuels, dans l'hypothèse la plus avantageuse, montent à 1,600 fr. Cette charge injustifiable du régime réglementaire absorbe donc seule le bénéfice annuel dont se contentent, pour la plupart, les petites boulangeries des autres capitales. Les boulangers négligents ou peu aisés réduisent plus qu'il ne convient les frais d'entretien de leur Réserve : ils ne reprennent qu'au dernier moment les farines avariées, et le consommateur, qui supporte, en fin de compte, les frais du système, est, en outre, condamné à se nourrir d'un pain de mauvaise qualité.

En présence du régime commercial actuel de la France, et lorsque tous les peuples civilisés ne fondent plus leurs approvisionnements que sur les opérations du libre commerce, les personnes les plus portées vers la réglementation reconnaissent l'exactitude de ces critiques ; elles conviennent, pour la plupart, que les Réserves obligatoires de la boulangerie ne sont plus désormais qu'un anachronisme.

La France, en effet, recueille déjà les fruits de la liberté du commerce de grains, votée unanimement par le Corps législatif, sous la libérale impulsion de l'Empereur secondé par M. Baroche, président du conseil d'État, et M. Rouher, ministre du commerce. La disette de 1861, due à un déficit de 15 millions d'hectolitres, a été à peine sentie du public ; tandis que plusieurs disettes antérieures, dont le déficit était inférieur à 9 millions d'hectolitres, ont eu le caractère de la famine. Les prix du pain, qui précédemment avaient atteint à Paris 88 centimes et souvent dépassé 65 centimes, se sont à peine élevés, cette fois, à 50 centimes. La liberté a donc donné sans frais ce que l'on n'avait pu obtenir, au prix de sacrifices énormes, ni des Réserves obligatoires, ni de la Compensation.

VII

INCONVÉNIENTS DE LA COMPENSATION

Le but de la Compensation, tel qu'il a été exposé dans un mémoire publié en 1855 par la préfecture de la Seine, était d'établir en permanence le prix moyen de 35 centimes par kilogramme, indiqué par les mercuriales de la première moitié de ce siècle. Il s'agissait par conséquent de conjurer les hausses momentanées qui, pendant cette période, s'étaient élevées au-dessus de cette moyenne, souvent à 25 centimes, quelquefois à 30 et à 40 centimes, une fois à 55 centimes.

Cette innovation, de même que tous les essais analogues tentés antérieurement, s'est trouvée, à l'application, impraticable. Dès qu'on a voulu établir un écart notable entre le prix commercial et le prix officiel du pain, les boulangers chargés de faire les avances ou les reprises de la différence, en ont prélevé une partie à leur profit, en dissimulant, en plus ou en moins, selon les circonstances, le montant de leur fabrication journalière. Les consommateurs, de leur côté, se sont empressés d'affluer à Paris ou dans les départements voisins, selon que la caisse de la boulangerie abaissait ou élevait artificiellement le prix du pain dans le département de la Seine.

L'autorité a d'abord tenté de réprimer la fraude et la contrebande qui se produisaient ainsi de toutes parts; et dans cette voie, elle a été jusqu'à interdire, par l'ordonnance de police[1] du 20 mai 1858, le transport du pain opéré par une famille pour sa propre consommation. Mais, en l'absence d'un contrôle qui ne pourrait être exercé que par une véritable armée de fonctionnaires nouveaux, beaucoup de boulangers persistent à demander à la fraude des profits qu'ils ne peuvent obtenir par des voies plus légitimes; et les consommateurs opposent obstinément à une réglementation illégale une résistance[2] avec laquelle il faut compter. La fraude du boulanger et la contrebande du consommateur se perfectionnent donc chaque jour, avec les combinaisons variées que suggère toujours l'intérêt privé.

Les fabrications domestiques, qui se propagent à Bruxelles et à Londres, à la faveur des petits fourneaux de cuisine à la houille[3], prendraient inévitablement un grand essor à Paris, dans le cas où l'on voudrait maintenir le prix moyen de 35 centimes en temps d'abondance : elles suffiraient seules pour désorganiser le système; en sorte que, pour le maintenir en action, il faudrait encore interdire aux citoyens la fabrication de leur principal aliment, comme on leur refuse déjà le droit de l'acheter et de le transporter. Les fondateurs du système, qui se pro-

---

[1] *Deuxième Rapport* de M. F. Le Play, p. 174.
[2] *Deuxième Rapport*, p. 186 à 190.
[3] *Deuxième Rapport*, p. 255.

posaient d'étendre à toute la France[1] le régime de Compensation pour mettre fin à la contrebande des consommateurs, devaient nécessairement interdire les fabrications domestiques, c'est-à-dire désorganiser le régime alimentaire actuel des populations rurales. Ces étranges aberrations, qui eussent renouvelé les funestes pratiques du règne de Louis XIV[2] et du régime de la Terreur[3], seront, il faut l'espérer, sous le gouvernement libéral de l'Empereur, les dernières manifestations de l'école réglementaire.

Malgré ces mécomptes, les partisans du système ne se découragent pas: et, pourvu qu'ils le maintiennent en action, ils abandonnent volontiers leurs principes. Ainsi, ils renoncent au prix permanent de 55 centimes et adoptent provisoirement le maximum de 50 centimes, se bornant désormais, dans les cas de cherté exceptionnelle, à suivre en arrière de quelques centimes, le prix commercial du pain; et, pour ne point soulever l'exaspération publique, ils tolèrent la fraude et la contrebande, sauf à en rejeter le poids sur les consommateurs de bonne foi.

Un tel état de choses blesse à la fois la morale et la justice distributive, et deux chiffres suffiront à mesurer l'étendue du mal. Tandis qu'en 1855, au début du système, la caisse de la boulangerie payait, par centime d'écart et par quinzaine, 84,000 francs à un million de consomma-

---

[1] *Mémoire sur la Compensation des prix extrêmes du pain à Paris;* brochure in-4°, 1855, chez Vinchon, imprimeur de la préfecture de la Seine. Voir notamment la p. 14.

[2] *Deuxième Rapport* de M. F. Le Play. p. 115.

[3] *Deuxième Rapport.* p. 155.

teurs, elle ne reçoit, en 1862, de ces derniers, que 65,000 francs.

La Compensation soulève donc, dans la pratique, deux objections principales : elle consolide, en l'employant comme agent nécessaire, une corporation qui grevait déjà la population d'une surtaxe annuelle de 9 à 18 millions; elle provoque, en outre, des fraudes qui imposent au consommateur une nouvelle surcharge, non compris, bien entendu, les frais normaux d'administration résultant de l'intervention d'un nombreux personnel.

En résumé, en maintenant jusqu'à ce jour la Compensation, on a mécontenté le public et gêné une classe de consommateurs dans l'exercice d'un droit légitime ; on a propagé l'esprit de fraude et de contrebande, créé une nouvelle catégorie de fonctionnaires onéreux, et aggravé, par l'action d'une lourde machine, les charges qu'imposaient déjà les trois autres éléments du système. En balance de ces inconvénients, on n'a pu produire, en temps de disette, qu'une baisse insignifiante sur le prix du pain.

VIII

AVENIR DE LA BOULANGERIE PARISIENNE DANS LE RÉGIME DU DROIT COMMUN.

Grâce aux efforts de l'Empereur secondé par le conseil d'État, la liberté et le droit commun feront justice de ces abus et de ces erreurs invétérées. Les personnes et les choses reprendront, dans le commerce de la boulangerie, la situation indiquée par la pratique de tous les peuples civilisés, et par les traditions mêmes de la ville de Paris.

Les petits ateliers qui ont seuls prospéré jusqu'à ce jour, soit en France, soit au dehors, se multiplieront jusqu'à ce que les vrais besoins du public soient satisfaits. Ils produiront le bon marché par leur concurrence mutuelle, c'est-à-dire par la seule combinaison efficace qu'ait révélée jusqu'à ce jour l'expérience du genre humain. Les grandes meuneries-boulangeries que le conseil municipal ne recommande plus, mais dont le premier spécimen reste en action au détriment des finances de la ville et des hospices, s'établiront immédiatement sous la salutaire influence de la liberté, dans le cas où elles auraient l'efficacité que M. le préfet de la Seine persiste seul à leur attribuer. Si, comme le fait prévoir la pratique des autres capitales[1], aucune usine de ce genre ne réussit à se fonder, il ne restera plus de prétexte aux illusions que l'on conserve au sujet de l'usine municipale; ce résultat sera un nouvel avertissement pour ceux qui ont charge des intérêts financiers de la ville de Paris.

Comme dans les autres capitales, la profession se recrutera désormais parmi les ouvriers d'élite, qui fabriqueront le pain de ménage de leurs propres mains et qui arriveront au succès, sans autre privilége que ceux des bonnes mœurs et du talent. Dans ce nouveau régime, les maîtres laborieux s'élèveront, comme ils le font dans les autres capitales, à la fortune et à la considération publique. Les plus intelligents s'adonneront à la fabrication du pain de luxe; ils

---

[1] Voir la description des boulangeries de Bruxelles et de Londres, *Deuxième Rapport* de M. F. Le Play, p. 199 à 241.

rétabliront à Paris la haute école de boulangerie qui, avant 1789, donnait l'impulsion à cet art ; et ils ne seront plus réduits, comme ils le sont maintenant, à tirer des capitales allemandes les ouvriers et les modèles. Ceux qui ont l'instinct du négoce exploiteront avec profit, à l'exemple des gros boulangers de Londres, le commerce des grains et farines, et ils constitueront ainsi des réserves aussi bienfaisantes que celles de la réglementation sont onéreuses aujourd'hui. Ceux enfin qui, en raison d'une infériorité d'aptitudes, devront rester aux derniers rangs de la profession, trouveront du moins, dans le nouveau régime, pour leur personne et pour le foyer domestique, l'inestimable bienfait de la liberté. Pour apprécier l'intérêt que les boulangers doivent attacher, sous ce rapport, à la réforme, il suffit de se reporter aux tableaux[1] que le syndicat a tracés lui-même de l'oppression fort dure à laquelle chaque maître est maintenant soumis.

Toutes les classes, au reste, trouveront satisfaction dans la réforme ; le public sera servi par des concurrents empressés de contenter ses goûts et de subvenir, notamment pour la cuisson des mets, à ses convenances domestiques[2] ; les boulangers, reprenant leur dignité de citoyens, développeront librement leurs entreprises ; l'autorité enfin, dispensée de devoirs compromettants, concentrera sa sollicitude sur ses véritables attributions.

Si l'impulsion donnée aux habitations monumentales des nouvelles voies publiques ne permet pas aux petits boulangers urbains de se multiplier à Paris, comme ils le font à Londres et à Bruxelles, les boulangers forains sup-

[1] *Enquête*, p. 116, 136, 144, 147, 608, 609, 641, 655, 796.
[2] *Deuxième Rapport* de M. F. Le Play, p. 206 et 210.

pléeront à cette lacune. Tirant avantage des innombrables moyens de transport qui relient journellement les consommateurs de Paris aux producteurs de la banlieue, ces forains reprendront, avec de nouveaux éléments de succès, la situation prépondérante qu'ils ont occupée pendant dix siècles et que la réglementation a détruite depuis 1804, contrairement aux convenances les plus manifestes de la population.

IX

RÉGIME DU MAXIMUM RÉCLAMÉ COMME TRANSITION ENTRE LA RÉGLEMENTATION ET LE DROIT COMMUN.

En présence de cette décision du conseil d'État et de la pratique des autres peuples, le retour à la liberté et au droit commun en matière de boulangerie ne semble plus faire question pour personne; et le conseil municipal lui-même a déclaré que cette réforme n'était plus désormais qu'une question d'opportunité. Cependant beaucoup de personnes se demandent encore s'il ne convient pas de conserver momentanément à Paris le principe d'un prix maximum pour les temps de disette, dans des conditions analogues à celles qui sont établies maintenant par le régime dit de la Compensation.

La première question qui se présente à ce sujet est celle de savoir si la population parisienne, s'écartant sur ce point de l'opinion des autres capitales, désire réellement que l'autorité municipale se charge de cette mission. Éclairée sur son véritable intérêt, elle comprendrait sans doute que chaque citoyen peut établir lui-même la compensation, sans frais, dans son propre ménage; tandis qu'il doit la payer chèrement s'il la demande à l'autorité agissant, à l'aide d'agents salariés, au milieu des fraudes et des abus qu'une telle opération entraîne nécessairement. Le préjugé qui porte encore certaines populations de France à recourir à l'autorité en matière de subsistances, a été partout créé par l'initiative même de cette autorité; et partout il s'est éteint dès que celle-ci a reconnu la convenance de s'abstenir : il prendrait fin inévitablement, à Paris comme ailleurs, par le retour au droit commun. La conservation d'une réglementation quelconque par égard pour les préjugés n'est donc qu'un cercle vicieux dont il semble difficile de sortir.

Cependant ceux qui ne tiennent pas compte de l'expérience des autres peuples, et notamment de la coïncidence qui s'est produite, en 1855, à Bruxelles, entre l'abolition de la taxe et l'extinction des préjugés populaires, pourront penser que la population parisienne est portée à l'erreur pas une propension qui lui est propre et qui ne disparaîtra qu'à l'aide du temps; qu'en conséquence la prudence conseille de conserver momentanément le régime du Maximum.

C'est au conseil municipal qu'il appartient de constater l'état de l'opinion : s'il juge que la population parisienne est moins avancée, sous ce rapport, que celles des autres capitales; qu'elle n'a ni les lumières ni la vertu nécessaires pour échapper à l'erreur, il devra se résigner à lui en faire supporter les charges; il aura alors à chercher, parmi les combinaisons propres à amener ce résultat, celles qui seront le moins onéreuses pour le public.

La discussion du conseil d'État a démontré que la plus mauvaise de toutes ces combinaisons est précisément celle qu'on applique à Paris depuis 1855 : indépendamment de sa funeste influence sur la moralité publique, la Compensation actuelle a, en effet, au point de vue financier, le triple inconvénient d'employer un personnel dispendieux, de provoquer la fraude et la contrebande et de se fonder sur un régime de monopole qui seul impose à la population une charge annuelle de 9 à 18 millions. Le conseil municipal atteindra le but plus simplement et à moins de frais en restant, en temps ordinaire, dans le droit commun, et en accordant, en temps de disette extraordinaire, une subvention spéciale aux boulangers, qui, moyennant les garanties nécessaires, livreront le pain à prix réduit. Le montant de cette subvention serait recouvré par un accroissement temporaire de l'impôt direct ou par tout autre mode jugé plus convenable.

En fixant ce maximum, le conseil municipal de Paris considérera sans doute qu'il s'agit moins de servir utilement le public que de rassurer les imaginations faibles contre des chances improbables de cherté; qu'il s'est repenti pendant la crise de 1855 à 1856 d'avoir prématurément fixé le maximum à 40, puis à 45 et à 50 centimes; qu'il ne s'est alors arrêté à cette dernière limite que parce que celle-ci n'a guère été dépassée par les cours du commerce, mais qu'il aurait fallu la relever encore si ces cours avaient atteint les prix qui ont régné, de loin en loin, pendant la première moitié de ce siècle; qu'enfin ce prix, même dans la théorie réglementaire, n'a évidemment rien d'absolu et doit être subordonné, encore plus au régime des salaires qu'à l'état des récoltes. Il paraît donc convenable à tous égards de fixer le maximum, dans chaque cas particulier, en considérant la situation dans son ensemble. Mais si la municipalité voulait, dès à présent, établir une limite absolue, elle devrait prudemment se rapprocher du prix de 65 centimes, qui, pendant trente années de 1828 à 1858, a résolu, sans réclamations dans la ville de La Haye[1], le même problème qu'on pose encore aujourd'hui pour la ville de Paris.

[1] Sur la Caisse de prévoyance qui a fonctionné à La Haye de 1828 à 1858, pour remédier aux cas de cherté extraordinaire du pain, voir *Deuxième Rapport* de M. F. Le Play, p. 258.

DOCUMENTS A CONSULTER.

Les personnes qui désireront remonter aux sources des informations en matière de boulangerie, devront consulter les ouvrages suivants, auxquels l'auteur renvoie fréquemment dans le cours de cette notice.

Annuaire de la boulangerie de Paris, reproduisant, pour chaque année, les arrêts, décrets, ordonnances et actes de toute nature qui constituent le régime réglementaire parisien. Paris, 1 vol. in-8°, bureau du syndicat, quai d'Anjou, 7.

Enquête sur la boulangerie du département de la Seine, ou recueil de dépositions concernant les commerces du blé, de la farine et du pain, faites en 1859, devant une commission du conseil d'État, présidée par M. Boinvilliers. Paris, 1860, Imprimerie impériale, 1 vol. in-4°.

Deuxième Rapport au conseil d'État, sur les commerces du blé, de la farine et du pain, par M. F. Le Play, conseiller d'État, rapporteur de la Question de la boulangerie. Paris, 1860, Imprimerie impériale, 1 vol. in-4°.